Le westie

Direction éditoriale : Hervé Chaumeton, Philippe Coppé

PAO : Nathalie Lachaud, Francis Rossignol
Photogravure : Stéphanie Henry, Chantal Mialon

ISBN : 2-84416-383-1
Numéro d'éditeur : 84416
Dépôt légal : septembre 2005

Achevé d'imprimer : août 2005
Imprimé en Espagne par ONA Industria Gráfica, Pamplona

Le westie

Ruth O'Connor Coppé
Philippe Coppé

ARTÉMIS
EDITIONS

Sommaire

Introduction

Depuis une quinzaine d'années, le west highland white terrier figure en bonne place au hit-parade des chiens préférés des Français. Sur une aussi longue période impossible d'évoquer un simple effet de mode. Le westie apparaît donc bien comme une des valeurs sûres en matière de races canines.

Il a tout d'un grand... C'est un des nombreux atouts du westie. Il fait indéniablement partie des petits chiens. Mais pour autant, ce n'est pas un de ces chiens de manchon pour dame trop tranquille. Endurant, plein de vitalité, le westie se comporte en permanence comme un vrai sportif, fidèle en cela à ses origines d'infatigable terrier soumis aux rudes conditions de vie de l'ouest de l'Écosse. Petit par la taille, il s'adapte aisément aux contraintes posées par la vie moderne. Grand dans la tête et par le courage, il parvient à séduire le plus grand nombre, du mari sportif à la recherche d'un compagnon de jogging à l'épouse plus sensible à son affectueuse compagnie. Quant aux enfants, ils restent ses compagnons de jeux privilégiés, ceux avec qui il sait développer une tendre complicité.

Fripon, espiègle, joueur, malin, toujours de bonne humeur, le westie est le chien antistress par excellence. Plus efficace que tous les antidépresseurs du monde, sa compagnie mériterait d'être prise en charge par la sécurité sociale. Avec ce ludion-là, pas le temps de verser dans la sinistrose.

Et en plus, il est beau ! Lors de la distribution des prix, le dieu des chiens semble s'être complaisamment attardé devant l'enclos du westie. Impossible en effet de ne pas craquer devant ce top model canin. Tout participe à sa beauté... De l'harmonie de sa silhouette à la vivacité de son regard de diablotin, rien ne semble pouvoir venir altérer la perfection de son physique de rêve. Ajouté à cela un poil d'une blancheur immaculée, et vous comprenez à quel point ce chien-là semble béni des dieux.

Écrire un livre sur le westie c'est forcément jouer du superlatif. Celui-ci n'échappe pas à la règle. Mais, il diffère peut-être des autres ouvrages consacrés à la race par sa richesse iconographique. Les magnifiques photos qui l'illustrent participent pleinement à cet hommage que nous avons voulu rendre au plus sympathique de tous les terriers.

Histoire

Le westie, enfant de la brume

Un terroir, un climat, des hommes, une fonction. Tels sont les paramètres indispensables à la naissance de toute race canine. Notre cher westie n'échappe pas à la règle. Et dans ses yeux, c'est quelques centaines d'années d'une histoire tourmentée qu'il faut savoir lire. Pour mieux le comprendre. Pour mieux l'aimer.

West highland white terrier. Ce nom à lui seul, tellement riche d'informations, signe un acte de naissance tant il en dévoile sur les origines de ce chien.

Le terroir, tout d'abord. Ce sont les West Highlands, ces hautes terres de l'Ouest, une des principales régions écossaises. Ce haut plateau, en s'affaissant dans l'océan Atlantique, a été rongé par l'érosion. Il a laissé place à un relief accidenté, des pics rocheux, un sol rocailleux et un littoral déchiqueté, parsemé de quelque cinq cents îlots de l'archipel des Hébrides. Le tout forme une région où le majestueux le dispute à l'hostile.

Le climat ? Nous sommes au nord de l'Europe, sur la côte ouest battue par les vents. Autant dire que le climat est rude, que les hivers sont longs, la brume tenace, la pluie persistante, même aux beaux jours.

Les hommes ? Les fameux Highlanders bien sûr. Ils sont les descendants de ces Irlandais du Nord qui ont envahi les Highlands et les îles avoisinantes dès le IVe ou le Ve siècle. On les affublait alors du nom de Scots qui signifiait brigand ou bandit. Fidèles au système tribal importé d'Irlande, ces Highlanders vivaient en clans (clan signifie « enfant »). Tous les hommes d'un même clan portaient le même nom de famille et se réclamaient

Son nom à lui seul résume la riche histoire de ses origines.

d'une même souche. Ils attachaient une importance capitale à leur généalogie et cela va de pair à leur honneur.

Dans les clans de Highlanders

Chaque clan avait son chef, son barde, chargé de conter les récits historiques des ancêtres, et son joueur de cornemuse. Dans ce système patriarcal, les chefs de clan avaient droit de vie et de mort sur leurs hommes. Ils vivaient selon leurs propres lois et n'éprouvaient aucun respect pour le pouvoir central en place. Un tel système ne pouvait que contribuer à l'isolement des Highlanders ainsi qu'à leur farouche opposition aux habitants des Lowlands, les terres basses du sud, où résidait la majorité de la population. En effet, on y considérait les Highlanders comme des sauvages et des barbares sanguinaires : ces derniers ne parlaient pas l'anglais mais l'irlandais, s'habillaient de peaux de bêtes et de tissus bariolés, volaient le bétail et passaient leur vie à boire ou à faire la guerre.

La guerre, il est vrai, semblait bien constituer l'occupation favorite des

Venu des Highlands, une région où le majestueux le dispute à l'hostile.

À l'origne, les chiots de couleur blanche étaient sacrifiés.

Les Highlanders recherchaient des terriers à la mâchoire puissante et au regard perçant.

Highlanders. Que ce soit contre d'autres clans ou contre le pouvoir en place, au travers de ses représentants, les Highlanders aimaient en découdre. La situation devint tellement ingérable qu'en 1745, la Couronne se mit à les persécuter et fit voter le fameux Desarming act, qui punissait la détention d'armes, le port du kilt et même l'usage de la cornemuse. Ainsi prit fin le temps des clans auquel tant d'Écossais restent encore aujourd'hui secrètement fidèles. Il fallut attendre 1782 pour que le gouvernement redevienne plus clément envers les Highlanders et leur rende les terres confisquées.

Au pays des black faces

Cette époque marque une évolution radicale du mode de vie des Highlanders. Finie la barbarie, les nouveaux Highlanders se préoccupent de mettre en valeur leur domaine et d'en exploiter les richesses. Et surtout, fait marquant dans l'histoire du west highland white terrier, ils délaissent l'élevage des bovins, notamment ces vaches noires à poils longs des Highlands, les kyloes, pour lui préférer celui du mouton. On découvrit que le « black face », le mouton à tête noire, pouvait survivre l'hiver dans les collines des Highlands. En outre, par rapport aux bovins, le mouton produisait deux fois plus de viande sur la même superficie. Il offrait de surcroît une superbe laine.

Le mouton ne présentait pour nos Highlanders de la fin du XVIIIe siècle qu'un seul inconvénient : celui de constituer pour les renards, qui infestaient la région, une proie somme toute assez facile. Pour protéger les ovins, des chasseurs de renards étaient engagés de façon permanente. Ils percevaient un salaire annuel et les fermiers qui les employaient devaient aussi nourrir leurs chiens, des animaux sans doute identiques à ceux qu'ils sélectionnaient pour protéger le gibier et le poulailler des innombrables nuisibles : loutres, blaireaux, chats sauvages, putois, rats, souris et renards bien sûr. Ces derniers, des renards de montagne, étaient très gros et pouvaient s'attaquer aux agneaux et aux grouses.

Un terrier en robe de couleur

Pour pouvoir dénicher le renard dans son terrier et l'y tuer, il fallait un chien à pattes courtes, capable de ramper sous terre, un earth dogge (chien de la terre) ou terriere (dont l'origine latine semble être aussi bien terra, la terre, que terrere, mettre en fuite). Ce terrier originel existait sans doute depuis longtemps. Véritable scottisch terrier, il est l'ancêtre commun du skye terrier, du dandie dinmont terrier, du scottish terrier, du cairn terrier et de notre west highland white terrier actuel. Doté de mâchoires puissantes, d'un regard perçant, il était aussi particulièrement agile, vif et téméraire. Le plus souvent bringé clair, sa robe pouvait cependant revêtir de multiples couleurs, du noir au crème en passant par le rouge, le fauve, le froment doré ou clair, le sable.

Il arrivait aussi que le scotch terrier soit blanc. Mais cette couleur n'était pas particulièrement prisée, au contraire, il est probable que les chiots de cette couleur étaient sacrifiés. À l'époque, chasser avec un chien blanc relevait de l'hérésie, et cette couleur, lorsqu'elle apparaissait dans une portée, était considérée comme une véritable malformation génétique.

Le scotch blanc au goût du jour

Il faudra l'avènement des expositions canines et la naissance de critères plus esthétiques pour que le blanc acquière enfin ses lettres de noblesse. En fait, le scotch terrier ressemblait plutôt à un cairn terrier au

C'est avec l'avènement des expositions canines que le blanc acquiert ses lettres de noblesse.

Agile, vif et téméraire...

Le westie, un cadeau royal

Jacques VI d'Écosse (Jacques Ier d'Angleterre) n'aimait guère les Highlanders qui lui opposaient une trop grande résistance. Et pourtant, ils avaient droit à une haute estime s'agissant de leurs chiens puisque le souverain décida d'envoyer six earth dogges terriers chez son ami le roi de France Henri IV.
Cette anecdote est reprise aussi bien dans l'histoire du westie que dans celle du cairn, mais si l'on veut tirer la couverture à soi ou plutôt au westie, on peut retenir les arguments suivants :
* les scotch terriers étaient très communs alors que les terriers blancs étaient rarissimes ;
* les chiens blancs étaient très prisés dans les cours ;
* Jacques VI avait précisé que les chiens devaient être choisis en Argyllshire (or les villes côtières de Poltalloch et Roseneath sont également situées en Angleterre).

poil moins long mais plus dur. Les oreilles pouvaient être droites ou semi-tombantes et parfois même taillées. Moins bombée que celle du cairn actuel, avec un chanfrein plus long, la tête du scotch était nettement moins typée. La ligne de dos n'était pas aussi droite.
Mais un Highlander de l'époque ne se serait pas attardé sur ces détails anatomiques si vous lui aviez demandé de vous décrire son chien. L'esthétique constituait le cadet de ses soucis. Seule son aptitude à la chasse importait. Il vous aurait plutôt dit : « C'est un tueur de vermine à l'odorat très développé et à la voix au timbre clair ; actif, rapide, téméraire, tenace, persévérant, intelligent, il peut rester très longtemps sous terre, il périra s'il le faut avec sa proie mais ne reculera jamais. »

Un chien infatigable et courageux

C'est précisément ce courage que les chasseurs de renards et les gardes-chasses appréciaient par-dessus tout. Car le travail des scotchs, à l'époque, n'était pas de tout repos. En effet, Lorsqu'une tanière de renard était repérée, le garde-chasse en était informé, puis se déplaçait avec ses chiens et son fusil. Les chiens étaient lâchés dans le terrier et contraignaient le renard à sortir. Il suffisait alors de le tirer. Il arrivait encore que le garde-

Un tueur de vermine à l'odorat très développé.

Une couleur blanche liée au naufrage de l'Invincible Armada ?

chasse capture les renards et surtout les renardeaux. Il arrivait encore que l'on veuille simplement capturer les renards et surtout les renardeaux. Non pas pour les épargner, mais plutôt pour les revendre dans le sud de l'Angleterre, où sévissait une pénurie de renards pour la chasse à courre.

En effet, si, en Écosse, on chassait par nécessité pour limiter la prolifération des nuisibles, la chasse devenait un simple sport au sud de l'Angleterre. Pratiquées par les aristocrates, ces chasses pouvaient rassembler des centaines de cavaliers aidés d'impressionnantes meutes de chiens courants. Ces chasses atteignaient leur paroxysme au moment de la course après le renard. Parfois, celui-ci atteignait le terrier et s'y réfugiait. Et là, tout s'arrêtait : les chevaux piétinaient, les nobles s'ennuyaient. Pour

que la chasse se poursuive, il fallait forcer le renard à sortir au plus vite de son refuge.

Débusquer le renard sans le tuer

Pour y parvenir, les chasseurs avaient alors recours à des chiens terriers, mais bien différents de ceux des Highlanders. Dotés d'un poil lisse, ils étaient surtout réputés pour leur légèreté. Un détail indispensable car ils étaient transportés dans un parc accroché à la selle des cavaliers. Ces chiens étaient les ancêtres du fox-terrier et du jack russell d'aujourd'hui. Lâchés dans le terrier, ils devaient faire sortir le renard. S'ils n'y parvenaient pas, leurs aboiements devaient guider les chasseurs qui se mettaient alors à creuser. Mais en aucun cas, ces chiens ne devaient tuer le renard. Les chasseurs n'auraient pas apprécié de creuser aussi longtemps pour finalement trouver un renard agonisant ou mort.

Ces chasses sportives pouvaient prendre un tour très barbare. C'est ainsi que, lorsque le terrier sortait de la tanière, couvert de boue et empestant le renard, les chasseurs impatients pouvaient le prendre pour cible. Les chiens courants pouvaient aussi commettre la même mégarde. De ce fait, en Angleterre, certains chasseurs préféraient utiliser des terriers au poil blanc pour éviter ces confusions fatales.

Un terrier écossais n'est pas anglais

Mais revenons à l'Écosse, son relief escarpé et ses énormes amas de roches appelés cairns. Lorsqu'un renard y trouve refuge, il n'est question ni de creuser ni de déplacer des roches pouvant peser plusieurs tonnes. Le chien doit sortir le renard

Un chien de l'Invincible Armada

Par quel mystère de la nature des chiots de couleur blanche seraient-ils apparus au hasard des portées de scotch terriers? La question a fait couler beaucoup d'encre et donne lieu à nombre de supputations plus ou moins fantaisistes. Excluons d'entrée la thèse de l'accident génétique. Il semble en effet bien improbable qu'un tel accident ait pu se reproduire ainsi à de multiples reprises jusqu'à ce que les précurseurs de la race parviennent à fixer cette tare. De toutes les thèses en vigueur, celle qui semble le plus crédible nous ramène au naufrage, en 1588, sur les îles au nord-ouest de l'Écosse de l'Invincible Armada. Avec les bateaux, ce sont aussi des hommes d'équipage et aussi les animaux qui les accompagnaient qui allaient s'échouer. Parmi ces derniers, se trouvaient notamment des bichons maltais. À l'époque, en effet, les marins avaient coutume d'emmener à bord des chiens de petite taille pour chasser les rats et les souris qui menaçaient les ravitaillements entassés dans les cales. Et c'est justement au bichon maltais que revenait le plus couramment cette tâche. Certes, ce n'est pas le bichon maltais que l'on connaît aujourd'hui. D'ailleurs on ne l'appelait pas bichon maltais mais terrier maltais. Plus rustique, plus costaud, ce chien capable d'exterminer les rongeurs avait aussi le poil moins fourni. Mais déjà sa robe était blanche.

de son terrier ou le tuer. Cela explique l'essentiel des différences anatomiques entre terriers anglais et écossais, notamment la mâchoire impressionnante de ces derniers par rapport à celle de leurs cousins.

Le relief des Highlands interdisait toute pratique de la chasse à courre, et donc l'utilisation de meutes de chiens courants. Les chasseurs ne pouvaient compter que sur leur seul scotch terrier. Celui-ci devait donc cumuler nombre de qualités, parfois contradictoires : être suffisamment endurant pour supporter toute une journée de travail en Écosse, tout en ayant des pattes assez courtes pour pouvoir se glisser dans un terrier ; assez agile pour escalader les reliefs, mais assez solide pour affronter un renard dans un corps à corps souvent redoutable. Et le renard n'était pas ce qu'il y avait de pire. Les scotch terriers pouvaient parfois se retrouver face à un blaireau, aux griffes encore plus meurtrières. Mais c'était surtout d'un courage colossal que devaient être dotés ces petits chiens pour affronter tant de dangereux « nuisibles ». C'était d'ailleurs le critère n° 1 de sélection.

Un redoutable tueur de vermine

Pour sélectionner les chiots dès leur plus jeune âge, les chasseurs pouvaient aller jusqu'à les jeter dans un tonneau avec un jeune blaireau. Si le chien ne sortait pas vivant, c'est qu'il n'était pas assez résistant pour la vie dans les Highlands. Les scotch terriers étaient donc appréciés de tous les Highlanders comme de redoutables tueurs de vermine. Mais, tous les Highlanders vivaient encore dans l'esprit du clan et, relief oblige, les communications n'étaient pas aisées. Ainsi chaque région avait-elle son propre scotch terrier, et même si tous possédaient un poil dur et des pattes courtes, ils variaient sensiblement dans le type.

C'est tellement vrai que lorsque les premières expositions canines apparurent vers 1860, les classes pour scotch terriers accueillaient des chiens complètement hétérogènes. Chaque exposant prétendait détenir le

Un petit chien au grand courage.

Une endurance sans faille à la chasse, mise aujourd'hui au service des enfants. Le westie peut passer des heures à jouer avec des enfants.

FRANCE 98
COUPE DU MONDE

véritable scotch terrier, on frisait l'émeute à chaque fois. Pour comprendre cette fierté, il faut se souvenir que les Highlanders sont toujours férus de généalogie : chaque clan chérissait ses ancêtres au point de pouvoir les connaître sur de nombreuses générations. Toujours prêts à prouver que leur sang était plus royal que celui des autres clans, les Highlanders avaient les mêmes certitudes en ce qui concernait leurs chiens.

La naissance du westie

Au gré des portées de terriers apparaissent de temps en temps des chiots blanchs.

La plupart du temps pourtant ces chiots étaient éliminés. Ils étaient considérés comme un signe d'impureté dans une race et souffraient d'une réputation de fragilité et de moindre résistance. On leur reprochait aussi d'être moins bons chasseurs.

Le chien blanc se voit de loin

Heureusement la famille Malcolm de Poltalloch, de riches propriétaires terriens installés en Argyllshire, ne partageait pas ces idées reçues. Mieux encore, le jeune Edward Donald Malcolm avait même décidé de ne chasser qu'avec des chiens blancs ou du

Un vrai petit clown !

moins très clairs. Lors d'une partie de chasse, en effet, son terrier fauve préféré, confondu avec un renard, avait été abattu. Pour éviter que ce genre d'accident ne se reproduise, il avait donc admis comme principe de ne sélectionner que des chiens blancs. À sa plus grande satisfaction d'ailleurs, car il s'est bien vite aperçu que sa meute de chiens blancs était aussi douée pour la chasse que les autres terriers de couleur fauve. En plus, ces chiens étaient visibles de loin.
À la mort de son frère aîné, Edward, qui avait embrassé la carrière militaire pour devenir colonel, hérita du titre de lord de Poltalloch. Il usa alors de toute son influence pour promouvoir ses terriers blancs à la chasse. Si, modestie oblige, le bon colonel affirmait que ses chiens n'étaient finalement que les descendants de ces vieux terriers des Highlands qui avaient toujours existé, le public, quant à lui, connaissait déjà sous le nom de Poltalloch terriers et parfois même de white poltalloch terriers.

L'engouement pour la robe blanche

Au même moment, à moins d'une centaine de kilomètres de Poltalloch, à

Avec sa bouille ronde et son manteau blanc, le westie a le don de plaire.

Le Dr Flaxman avait imaginé le nom de white scottish terrier.

Roseneath, toujours en Argyllshire, un autre homme d'influence, le duc d'Argyll, aidé de son garde-chasse George Clark, sélectionnait lui aussi une variété blanche dans ses portées à poil dur. Ses chiens étaient connus sous le nom de roseneath terriers. Les deux variétés, poltalloch terrier et roseneath terrier, devaient être très semblables puisqu'il arrivait qu'on inverse les appellations.

Un troisième personnage, le Dr Flaxman, s'intéressait lui aussi à la variété blanche. Une de ses femelles scottish donnait naissance dans chacune de ses portées à un ou plusieurs chiots blancs. Au début, fidèle aux coutumes de l'époque, il les noyait. Il ne se décida à les sélectionner que lorsque la couleur blanche devint plus à la mode, et voulut leur donner le nom de white scottish terrier. Mais bien entendu, les protégés du Dr Flaxman différaient en type de ceux du colonel Malcolm et du duc d'Argyll. D'ailleurs, Edward Malcolm of Poltalloch et le Dr Flaxman ne s'appréciaient guère. Le premier ne pouvait se résoudre à admettre que ses chiens soient considérés seulement comme une sous-variété de scottish, au corps près du sol et à la tête longue.

Les débuts du westie en 1905

Le colonel eut gain de cause et c'est son type qui prévalut dans l'élaboration du standard ; le nom de west highland white terrier fut officialisé en 1905 avec la création d'un club écossais, dont le président était le duc d'Argyll, et la création d'un club anglais, dont le président était la comtesse d'Aberdeen, et le vice-président, le colonel Malcolm (qui, par la suite, devint président).

C'est le type de chien façonné par le colonel Malcolm of Poltalloch qui finalement prévalut dans l'élaboration du standard.

Le westie dans l'art

Le west highland white terrier n'a pas laissé indifférents les artistes du passé puisque ce terrier écossais figure dans les œuvres de Sir Edwin Landseer (1802-1873). Ce grand peintre animalier du XIXe siècle représente le westie dans deux de ses tableaux : *Sporting Dogs et Dignity and Impudence.* Il n'y a pas de doute, Impudence a bel et bien une tête de west highland white terrier... de l'époque victorienne. C'est en tout cas un renseignement précieux qui indique la présence d'une variété blanche de terrier. Quelques années plus tard, en 1865, Gournay Steell peint le tableau intitulé *Dandie Dinmont et ses terriers* où deux dandies côtoient deux autres chiens, de plus petite taille, que l'on peut identifier soit comme des cairns, soit comme des westies. Enfin John Emms, en 1876, présente un tableau intitulé *Warrener's Poney, Terrier and Puppy* qui montre une chienne accompagnée de son petit et qui est reconnaissable soit comme west highland white terrier, soit comme cairn.

Le début de la gloire

En 1987, c'est le début de la gloire pour le westie !
Sa frimousse crève l'écran. L'industrie automobile Renault en fera sa mascotte et on ne connaît pas de meilleur ambassadeur pour la marque du whisky Black and White... Désormais on n'imagine plus ce breuvage écossais de cent vingt ans d'âge sans penser à ces adorables chiens de terrier écossais que sont le westie et le scottish terrier.
L'histoire commence en 1884. Un industriel écossais nommé James Buchanan crée une fabrique de whisky dans son pays. Comme dans toute démarche de création, il faut songer à l'image du produit. Comment frapper les esprits et inciter les consommateurs à acheter ? L'industriel va opter pour un résultat sobre mais contrasté : une étiquette blanche sur une bouteille noire.
Un visuel qui apparaît quelque peu dénudé dans ce paysage publicitaire où on abonde plutôt vers la richesse des symboles, des couleurs, les slogans aux mots qui claquent. Peu importe, James Buchanan n'en fait qu'à sa tête et lance sa bouteille comme prévu. Avait-il besoin de se creuser davantage la tête ? Le concept est si simple qu'il provoque d'emblée le commentaire. Ce sont les gens eux-mêmes qui vont baptiser le produit tout naturellement Black & White. Un nom tout simple, issu de la sagesse populaire et dont le renom va se construire au fil des ans.

De nombreux artistes ont pris le westie pour modèle.

Noir et blanc

Mais James Buchanan n'avait pas dit son dernier mot. Ses clients lui ont tracé la voie en trouvant un nom à son whisky, il lui restait à mettre en image ce nom aux deux couleurs. Qu'est-ce qui est noir et convient à une étiquette ? Qu'est-ce qui est blanc et tiendrait sur la même étiquette ? James Buchanan n'eut qu'à baisser les yeux pour voir frétiller ses petits amis pour lesquels il nourrissait une immense passion : les chiens. La terre d'Écosse, sur laquelle était né son whisky, avait également produit de jolis chiens de terrier : un noir comme le scottish terrier, un blanc comme le westie. Depuis ce jour, il n'est pas une campagne publicitaire de cette marque qui ne porte en elle ces deux chiens.

Une star outre-Manche

À force de faire la publicité pour le produit, le westie fait de la publicité pour sa race. C'est en Grande-Bretagne, que l'on rencontre le plus grand nombre de fans. On ne compte pas moins de quatre clubs spécialisés : un club écossais (1905), un club anglais (1905), un club irlandais (1959) et le southern club (1980). La Grande-Bretagne compte le plus grand nombre d'amateurs de westies. En 1990, on comptait 1 900 naissances de westies dans l'Hexagone pour 19 000 outre-Manche.

Ils apparaissent, soignés, charmeurs, drôles à souhait, sur de multiples affiches, photographiés dans les plus belles gentilhommières d'Écosse. Cent ans après l'ouverture de la fabrique de whisky, en 1984, une autre publicité inonde le marché. C'est l'annonce du Black & White douze ans d'âge. Qui dit ancienneté dit généalogie. L'idée est donc de montrer un arbre généalogique où chaque repère est un terrier écossais : cairn terrier, aberdeen terrier, border terrier, dandie dinmont terrier, skye terrier, sealyham terrier, tandis qu'apparaissent en vedette le scottish et le westie, donnant naissance à la fameuse bouteille. Le slogan en dit long : « Il faut attendre plusieurs générations pour qu'une race atteigne la perfection. » On parle de la qualité d'une race canine, mais on associe évidemment toute l'expérience de Black & White dans le mûrissement de son whisky. Un whisky racé !

Une véritable star de la pub !

Où est passé le westie ?

Cependant, on connaît l'envers de la médaille. À force de s'extasier devant les deux chiens, on a tendance à oublier l'essentiel, le whisky. Du coup, en 1985, les créateurs de la publicité boudent les deux terriers. Les voici relégués au bas de l'affiche en taille minimale. Il faudra peu de temps aux deux créateurs, Lucie Pardo et Hervé Chadenat, pour faire réapparaître les chiens vedettes en gros plan. Mais on a changé l'image. Fini le duo. C'est le scottisch en solo, qui tient l'affiche, triste, chien noir sur fond blanc, explicité par une citation d'Alphonse de Lamartine : « Un seul être vous manque et tout est dépeuplé. » Inutile de broyer du noir, il existe mille manières de se consoler…

Caractère

Un chef de clan

C'est un vrai marchand de bonheur : d'une vitalité débordante et d'un enthousiasme communicatif, le westie est fait pour la vie de famille. Très entreprenant, il mène le jeu avec les jeunes enfants et, s'il croise d'autres chiens, terriers ou molosses, c'est lui le chef de bande.

Le westie est un chien qui n'a pas froid aux yeux et sa bravoure est ancrée en lui depuis des générations. À se faufiler dans les terriers, prêt à affronter renards et blaireaux, il a fini par maîtriser les difficultés et cultiver le sens de l'initiative. C'est donc un boute-en-train qui insuffle une bonne dose de dynamisme au sein de la maisonnée. Intrépide, infatigable, il donne l'image d'un battant et son passé auprès des Highlanders, inlassables guerriers, a sans doute joué un rôle important dans son caractère impétueux. Élevé à la dure dans les hautes terres d'Écosse, il n'a rien d'un chien

Une race habituée à vivre en meute et familière des éboulis rocheux.

Une allure qui respire la gaieté.

douillet. Au point qu'il supporte de rester seul mieux qu'un autre chien. C'est pour toutes ces qualités de courage et d'énergie qu'il a jadis été apprécié, et, ce sont les mêmes vertus qui font aujourd'hui les raisons de son succès. Encore faut-il ajouter que le westie se distingue de la famille des terriers à laquelle il appartient parce qu'il en possède toutes les qualités, mais il est dépourvu des défauts. Cette formule, chère aux inconditionnels du westie, est une analyse objective qui résume bien la personnalité de cet adorable chien blanc.

Un joyeux drille

Sa gaieté est permanente, et tous ceux qui côtoient un westie reconnaissent que ce chien est bon pour le moral. On raconte même qu'un psychiatre n'a pas hésité à prescrire la compagnie d'un westie à une de ses patientes en pleine déprime. Il faut voir comme il frétille de la queue, sensible au moindre geste, à la moindre caresse qu'on lui accorde, et manifestant sa joie qui se lit non seulement à travers les battements de sa queue mais dans ses yeux qui brillent comme des étoiles. Vif et attentif, il guette sans arrêt son maître pour deviner ses intentions, et s'il s'aperçoit qu'il est le point de mire, alors le roi n'est pas son cousin. Notre fier westie prend des allures hautaines et, comme frimeur, il se pose là. Ce chien

qui remporte tant de succès en exposition se pavane telle une star comme s'il était conscient de sa beauté. À moins que dans le regard des siens, il ne mesure tout l'effet qu'il produit – on l'admire tant il est éblouissant – car le westie, ce n'est pas exagéré de le dire, comprend tout.

Un charme fou

Pour peu qu'on l'applaudisse lorsqu'il fait le beau, il en rajoute, très conscient qu'il faut épater la galerie, et user de son charme. Alors il n'hésite pas à se mettre encore plus en valeur, et, la tête haute et la queue en l'air, il fait son numéro. On ne saurait succomber à ce charme de petit chien blanc, qui, de surcroît, saisit tellement bien notre langage qu'il répond. Pour signifier qu'il a parfaitement compris, il le fait à sa manière, c'est-à-dire façon westie, en tortillant des fesses et en pointant son nez vers le ciel, le tout en chantant – sa romance se traduit phonétiquement en « wou-wou ». Ce dialogue, qui s'instaure avec le westie, renforce la relation établie avec ce chien car on a toujours la sensation d'être parfaitement compris et que le message est reçu cinq sur cinq.

Un langage bien à lui

Lorsqu'on le caresse, par exemple, on sait le plaisir qu'il ressent. Il le manifeste par ses « humf-hum », sorte de demi-étouffement, à mi-chemin entre l'extase que lui procure l'amour de son maître et la gêne respiratoire qu'engendre cette explosion de bonheur. Le westie est expansif et exubérant, ne cache rien de ce qu'il ressent ni de ce qu'il attend. Il est toujours à l'affût, en quête de câlins et de paroles, mais aussi de jeu. Il lui faut à tout prix dépenser son énergie, mettre à profit sa grande vitalité et, au besoin, entraîner son maître ou les enfants vers une nouvelle aventure. Toujours de l'avant, c'est un peu sa devise, et c'est sans doute pour cela que sa compagnie est bénéfique et positive. Et s'il faut lui faire un reproche – car on ne pourrait croire à la perfection –, on lui trouverait ce petit défaut : il est capable d'entraîner les enfants à faire des bêtises, et même si cela sème la bonne humeur chez les bambins, on se doit d'avoir un œil sur ce petit bandit – rappelons que c'est la traduction pure et simple du mot scot, et que le scotch, ce chien écossais, est impliqué dans la lignée du westie.

De l'action avant toute chose

L'action est ce qui motive le westie et correspond à son bonheur. Il faut toujours qu'il bouge, qu'il coure, qu'il joue, qu'il fasse le clown, ou bien que son esprit soit captivé. Il est d'ailleurs suffisamment malin pour attirer l'attention de son maître, avec sa queue qui remue

Le westie dispose de tout un arsenal de mimiques pour nous parler.

Actif, le westie apprécie les longues promenades dans la nature.

et sa bouille qui respire la joie de vivre. Il est même capable de sourire : il lui suffit de retrousser ses babines, mais il est vrai que tous les westies ne parviennent pas à ce stade de parfaite communication. Je ne saurais trop conseiller, lorsque le westie se met à sourire, d'encourager immédiatement son compagnon afin qu'il prenne l'habitude de se monter sous son plus beau jour. Car il peut le faire à la demande. Il faut dire que le westie est réceptif aux désirs de son maître et qu'il sait donner satisfaction. Il est d'autant plus coopératif si on lui demande de faire des tours car c'est l'un de ses hobbies. Il est courant de voir le westie se poser sur les fesses, mettant les pattes avant en l'air, et pouvant rester dans cette position pendant plusieurs minutes. Tout lui semble naturel et facile et, d'une séquence à l'autre, il peut jouer les chiens de cirque, les vedettes de cinéma en gardant toujours le beau rôle.

Les clés du langage

Bien conscient du succès qu'il engendre, le westie est tout naturellement impliqué dans la vie de famille et fait preuve d'un esprit de participation

qui ne fait qu'évoluer avec l'âge. Il enregistre faits et gestes des siens et les paroles s'inscrivent dans son répertoire sans difficulté. Par exemple, lorsqu'on le fait jouer et qu'on lui demande de chercher un objet, il apprend très vite à rapporter le briquet ou la balle selon ce qu'on lui demande et sans se tromper.

Une de ses grandes qualités est sa bonne compréhension des événements et des gens. Il s'adapte tout naturellement aux humeurs de son maître et si l'on n'est pas disponible pour participer à ses jeux, le westie ne devient pas un chien fou qui aboie encore plus fort pour imposer sa loi, au contraire, il n'insiste pas, s'efface et attend. Ce chien que l'on aime pour son exubérance peut aussi se faire discret, patient, réservé, et cela fait partie des atouts majeurs lorsque l'on vit avec un westie. Il sait non seulement se plier aux volontés de son maître, mais il saisit les non-dits, et en fonction des circonstances, adopte l'attitude adéquate. Il fait sien le rythme de son maître. Ouvert, il est aussi sociable, et ce, parce qu'il a, de tout temps, été habitué à vivre en groupe.

Malin et astucieux

Avec les autres animaux de la maisonnée, il fait bon ménage, mais il gagne la partie s'il est considéré comme le chef. Un titre qu'il obtient aisément face à des chiens non-terriers, mais si, au contraire, il doit cohabiter avec un scottish ou un cairn, qui le forcent à céder sa place de dominant, alors le westie, qui a plus d'un tour dans son sac, connaît la solution. Pour démontrer sa supériorité, il ira faire du charme à son maître et une fois étiqueté comme le chouchou de la maison, libre à lui d'aller narguer ses cousins et leur faire comprendre qui est le plus malin du clan. En revanche, s'il croise des chiens en promenade, il n'y a aucune place pour l'alternative, c'est lui le chef, quelle que soit la taille du vis-à-vis, molosse ou chien de poche. Le westie a la manie de vouloir à tout prix impressionner l'inconnu, et, comme s'il voulait lui en mettre plein la vue, il le toise, ce qui est extrêmement agaçant pour ses congénères.

L'ennui est que le westie ne recule devant rien et s'il faut engager la bagarre, il s'y jette à corps perdu. Comment ce petit chien pourrait-il résister à un géant ? Mieux vaut opter pour un détour dans le cas d'une rencontre qui tournerait mal, sachant que le westie pousse des aboiements intempestifs et qu'il a tendance à initier la guérilla.

Espiègle, fripon... tout dans le westie, et surtout son regard respire la malice.

Le goût du jeu

En dehors de sa maison, sa conduite n'est pas la même et son instinct de chasseur prend le dessus. Qu'un pigeon ou un chat se trouve sur son chemin, le westie, d'ordinaire silencieux, aboie sans modération et se lance à la poursuite de ceux qui l'importunent ou plutôt l'excitent puisqu'à ses yeux, ces animaux sont devenus des proies. On imagine mal qu'en compagnie du chat de la maison, le westie dispose alors d'une douce peluche avec laquelle il s'endort. Comme un jouet, il le saisit un peu négligemment – un pacte a sans doute été conclu entre le chat et ce chien –, mais le petit félin, si indépen-

dant, est d'accord pour que le westie n'en fasse qu'à sa tête et soit le chef de clan.

Cabot caboche

Le titre du roman de Daniel Pennac lui va comme un gant ! Le westie est réellement têtu. Souvent les réprimandes lui font le même effet que l'eau sur les plumes d'un canard. Il n'en est pas perturbé le moins du monde et c'est sans doute pour cela qu'il n'est absolument pas rancunier. Ce petit entêté a un caractère indépendant qui est propre aux chiens terriers.

Original et fripon

Le westie possède une telle panoplie de qualités qu'il n'a aucun mal à conquérir un maître. Il réunit un très grand nombre de fans, quel que soit leur âge ou leur sexe. Un maître dynamique et enthousiaste a des atomes crochus avec ce boute-en-train : il comprendra parfaitement ses turbulences et sa passion de vivre. Son caractère fripon et original ne pourrait convenir à un maître autoritaire qui exige que le chien lui obéisse au doigt et à l'œil.

Le don de plaire

Le westie présente des particularités qui séduisent tantôt les femmes, tantôt les hommes. Les premières sont attachées à son aspect physique, son manteau blanc, sa bouille ronde et sa petite taille, son poil sans odeur, mais aussi à son côté peu aboyeur. Les seconds éprouvent quelque fierté en présence de ce petit chien qui ne craint pas de se mesurer aux molosses. Quant aux enfants, ils rencontrent un bon complice car ce joueur invétéré est toujours prêt à faire les quatre cents coups.

C'est un joueur infatigable qui peut se dépenser sans compter avec une simple balle.

Élevage

Une vie de chien

De la naissance aux jeux, de sa place à la maison à ses activités au grand air, le westie ne cesse d'être le centre d'intérêt et ce n'est pas étonnant s'il est l'inspirateur des artistes, et le meilleur ambassadeur de certaines marques publicitaires.

Tout petit, visqueux, jaune-vert, la bouche immense, le nez rose, assorti aux coussinets, la queue démesurée... Ce portrait n'est pas banal. Il correspond au westie nouveau-né ! Ce chiot arbore une tenue de couleur jaune-vert, qui est celle du liquide amniotique. La couleur du bébé westie varie du jaune citron au vert foncé. Pour la chienne, la mise bas est vraiment une épreuve difficile. Cela commence dès les premiers signes avant-coureurs : on la voit chercher refuge, se cacher dans les endroits protégés, à l'intérieur d'un placard, sous le lit etc. La mère chienne ne tient pas en place, déchirant sa couverture, grattant le sol et implorant du regard pour avoir de l'aide. Elle semble vouloir sortir comme pour aller faire ses besoins.

La grosse tête

Le westie a cette particularité de réunir pratiquement tous les critères morphologiques qui vont provoquer une mise bas difficile. C'est une race de petite taille, les mères sont très musclées avec un dos très court. La mise bas dure parfois très longtemps au point qu'une personne non initiée risque de perdre son sang-froid. En

Le westie est doté, dès la naissance, d'une grosse tête qui rend la mise bas difficile.

entendant la chienne gémir et hurler de douleur, on se sent impuissant et on éprouve comme un sentiment de culpabilité d'avoir fait saillir sa chienne. Une césarienne est parfois nécessaire lors de la mise bas d'une chienne westie.
Un chiot de 70 grammes n'a de chances de survivre que nourri au compte-gouttes et s'il bénéficie des soins intensifs d'une éleveuse mère-poule. Quant à notre Hercule, qui atteint déjà 300 grammes, il paraît gros comme un chiot d'une semaine.

Avant d'être blanc

La bouche d'un bébé westie est immense et la langue s'enroule autour de notre doigt dans un réflexe de succion. Le nez est tout rose, dans les mêmes tons que les coussinets, et la queue n'en finit pas. On dirait un

Le westie est l'une des rares races canines où les sujets sont plus jolis adultes que chiots.

croisement entre un porcelet et un rat de laboratoire. Tout mouillé, il va être séché par sa mère, qui le lèche en dessinant des stries sur le pelage. Elle s'applique à donner des coups de langue jusqu'à ce que le poil devienne blanc. Voici le bébé westie dans toute sa splendeur ! Au fil des jours, il paraît bien rondouillet et, serein comme un ange, passe son temps à dormir, à téter, à déféquer, puis à s'endormir à nouveau. Quinze jours plus tard, le bébé westie ouvre les yeux, laissant apparaître de petites billes, non pas noires mais encore bleues.

Une semaine plus tard, il commence à marcher et lape les bouillies. La balance affiche un kilo lorsque le bébé westie est âgé d'un mois. Les chiots sont sevrés vers l'âge de 6 semaines et vaccinés vers l'âge de 8 semaines et partent chez leurs nouveaux maîtres vers l'âge de 10 semaines. Chez la femelle westie, les premières chaleurs se manifestent entre § et 11 mois. Quel que soit le sexe du chiot westie, la taille adulte est acquise vers neuf mois, mais le corps atteindra sa largeur définitive et la jupe parviendra à sa juste longueur, lorsque ce joli terrier blanc sera âgé de deux ans.

Un jouet qui fait du bruit

Le westie est doté d'une mâchoire puissante et a de grandes dents, ce qui laisse deviner que la durée de vie de ses jouets est assez limitée. Le westie raffole de jouets qui font du bruit et sa nature de chasseur de nuisibles se révèle lorsqu'il s'acharne sur ces objets qui couinent. Mieux vaut lui proposer des joujoux en plastique, plus résistants que ceux en caoutchouc, et si l'on doit désigner les jouets les plus coriaces, on évoquera les hérissons qui existent en plusieurs tailles. Les balles et les ballons sont aussi des jouets de prédilection pour les westies.

Sa place dans la maison

Le maître doit décider une fois pour toutes des interdictions à infliger à son compagnon. Doit-on ou non le laisser s'installer sur le canapé ? Peut-il venir sur le lit ? A-t-il le droit de monter l'escalier qui mène à la chambre ? Si on l'autorise à venir sur le lit, on ne peut ignorer que le chien sera déboussolé le jour où il se fera gronder du fait qu'il saute sur la couette, les pattes pleines de boue. C'est pourquoi, avant toute réprimande adressée au westie, il faut s'interroger : « mon chien peut-il comprendre cela ? » Le westie est apprécié pour son assurance et sa fierté, et si on détruit ce trait de caractère, il n'y a plus aucun intérêt à préférer cette race plutôt qu'une autre.

Afin qu'il ait bien sa place à la maison, on doit lui offrir un endroit bien à lui, où l'on installe un panier en mousse ou en plastique doté d'une couver-

Le westie raffole des jouets qui font du bruit.

À la naissance, un bébé westie pèse entre 140 et 200 g.

Une partie de cache-cache dans les fleurs ?

ture. Le panier en plastique durera des années et la couverture sera régulièrement lavée, tandis que le panier en mousse est aléatoire : certains chiots westies le mettront en miettes, d'autres n'y toucheront pas. Quant à la corbeille en osier, elle sera détruite à coup sûr ! Le chiot ne va pas hésiter à va se faire les dents dessus.

Niché comme dans un terrier

Lorsque l'on aménage l'endroit du chiot, on doit savoir que ce dernier, se sent davantage en sécurité s'il a quelque chose au-dessus de la tête. On peut placer sa corbeille au-dessous d'un escalier, d'une table, d'une étagère. Et si l'on veut connaître les préférences de ce chiot, précisons qu'une caisse de transport, à laquelle on a retiré la porte, se transforme en une niche de rêve, particulièrement appréciée par le westie, même si le maître ne trouve pas ce logis de chien très esthétique.

Ses activités naturelles

Le westie ne saurait renier ses origines puisqu'il avait pour mission de dératiser caves et greniers, d'éliminer renards et blaireaux, une mission qui s'ajoutait à celle d'être un bon compagnon et de garder la maison. Aujourd'hui, ce petit chien écossais n'est plus utilisé à la chasse et fait davantage figure de terrier de salon. C'est pourtant un campagnard au caractère vif, impétueux, indépendant et cet élément essentiel ne doit jamais être oublié par les éleveurs. Morphologie, allure, tempérament sont indissociables et c'est cet ensemble équilibré qui compose un westie.

On peut inscrire son petit écossais à des épreuves de travail sur terre et sous terre. Les premières se déroulent soit en terrier artificiel, soit en terrier naturel. La bête de chasse est un renard ou un blaireau, qui, précisons-le, n'est jamais mis à mort dans ces épreuves de travail.

Le chien peut concourir dès l'âge de neuf mois, sans contact direct avec le renard, dans la classe novice ou « classe CQN » (Certificat de qualités naturelles). Cette épreuve aguerrit le westie et lui donne du métier. Les épreuves en terrier naturel ressemblent davantage à une chasse réelle. Elles se déroulent en pleine nature et le chien travaille réellement sous terre. Le chien ne doit pas être novice car si le risque est limité, il existe néanmoins.

Sur terre, le terrier écossais participe à des épreuves de broussaillage, c'est-à-dire de « chasse aux sangliers », un terme qui n'a rien à voir avec la réalité puisque l'épreuve consiste à contrôler l'aptitude du chien à la chasse au sanglier. Le chien suit la piste, débusque

Un véritable campagnard toujours prêt à dépenser son énergie.

Drôles de bouilles pour bonne bouillie.

Les immenses qualités du westie lui permettent de participer à des épreuves de travail où sa pugnacité et sa détermination font merveille.

L'agility est une discipline qui convient bien au westie. Franchissement de haies, passerelles sont des épreuves où il peut exceller.

les animaux et les poursuit. Il est jugé pour ses qualités morales de courage, de pugnacité et de détermination.

Agility et obédience

Mais tout le monde n'a pas le goût pour ces épreuves de travail proposées au terrier et on peut tout aussi bien encourager son westie à pratiquer l'agility, qui est à la fois une discipline éducative et un jeu sportif. L'agility est inspiré du jumping hippique et comprend un parcours d'obstacles variés et spectaculaires. Pour le westie, les obstacles à franchir ne dépassent pas 40 cm de haut. Une autre discipline peut être recommandée pour notre chien favori : il s'agit de l'obédience, qui auparavant était réservée aux chiens de garde et de défense, et qui néanmoins, s'adresse à des chiens expérimentés.

Pedigree
PAL
Pedigree
PAL
Pedigree

Pedigree
81

Achat

Bien choisir son chiot

Tout blanc et turbulent, il est irrésistible, ce qui rend l'achat d'autant plus difficile. On a tendance à agir sur un coup de tête. Or, il faut bien observer ce chiot et exiger un westie de qualité pour le voir grandir avec bonheur.

L'acquisition d'un chiot westie nécessite quelques réflexions préalables qui portent tant sur le mode de vie que sur les problèmes de chiffres. Il ne suffit pas de définir le budget, qui comprend non seulement l'achat, les vaccins, l'alimentation, l'entretien, etc., il faut aussi évaluer le temps que nécessite un petit compagnon. Onze années en moyenne vont succéder à l'acte d'achat, ce qui implique peut-être une réorganisation dans son quotidien, ou, du moins, quelques aména-

Ci-contre : Il faut rechercher un chiot vif et bien dans ses poils.

À droite : Avant de se décider à l'achat d'un chiot, il convient d'imaginer toutes les conséquences qu'un tel acte implique.

gements pour bien réussir l'intégration du nouveau venu. Une fois que l'on a la certitude de pouvoir acquérir un bébé westie, il s'agit de faire le bon choix. En effet, l'erreur est possible et la précipitation néfaste. La prudence s'impose et on doit tenir compte de certaines notions élémentaires.

L'âge idéal

L'âge du bébé chiot est un critère majeur car, avant de chercher un petit compagnon, il faut connaître ses exigences biologiques, comportementales. En bref, il faut tenir compte de son évolution, sa croissance. Tout cela fait partie du respect de l'animal. Pour commencer, on n'acquiert pas un chiot westie avant qu'il ne soit sevré. C'est le strict minimum. Mais la date idéale pour l'achat du chiot dépend de deux options : va-t-on préférer un chiot de compagnie ou un chiot d'exposition ? Dans le premier cas, on pourra acquérir son petit compagnon lorsqu'il sera âgé de dix semaines ; dans le second cas, il faudra attendre que le futur candidat aux concours de beauté ait six mois. On pourra alors vérifier l'état de sa denture car le chiot westie aura passé le cap de la

Pour acheter un chien qui participera aux expositions canines de beauté, il est préférable d'attendre que le chiot ait atteint l'âge de six mois pour choisir.

Plus joli adulte que bébé

Lorsqu'un futur acquéreur se trouve pour la première fois devant une portée de westies, il est souvent très déçu. Il s'attend à voir des adultes en miniature, avec une tête déjà toute ronde en chrysanthème et de la jupe. Or à la place du chrysanthème, il observe un crâne recouvert d'une moquette de poils durs. Il remarque que de plus longs poils dépassent de tous côtés notamment des oreilles qui, à cet âge-là, sont d'une longueur incroyable. Le nez paraît également beaucoup trop long et, de plus, il arrive qu'il ne soit pas encore totalement pigmenté. Quant à la queue, elle est complètement disproportionnée. Bref, le westie est une des seules races qui soit beaucoup plus jolie adulte que bébé.

deuxième dentition. De plus, on aura une idée précise de sa taille. Le prix est forcément plus élevé, puisque l'éleveur se sera davantage investi pour un chiot de six mois, que pour un chiot de compagnie, disponible un peu après l'étape de la primovaccination. C'est à l'éleveur, en effet, qu'incombe cette tâche que représente l'éducation, avec toutes ses subtilités, puisqu'il s'agit de transformer un petit être indiscipliné en un chiot socialisé, au caractère solide, qui sera capable de bien lever la queue, malgré la foule et les bruits perturbateurs lors des expositions. Ce critère est donc très important si on recherche une graine de champion.

Adopter un retraité

Il existe une troisième date pour acquérir un westie : celle de la retraite d'un élevage vers 6 ans. L'éleveur consent alors un tout petit prix et le westie qui part en retraite peut alors rendre une famille heureuse et lui-même bénéficier d'une autre tranche de vie tout aussi joyeuse. Cette solution est très prisée par les maîtres qui n'ont ni le temps ni la motivation pour se consacrer à un très jeune chien, turbulent et débordant de vitalité. Les personnes retraitées, rêvant d'un beau westie, mais redoutant un chiot trop remuant et qui donne parfois du fil à retordre, sont très favorables à cette solution. Enfin, on y trouve de nombreux avantages : la garantie que ce chien, doté des atouts de sa race, arrive dans son premier foyer, tout prêt à être choyé et à s'adapter à la vie familiale. Le tout, pour un westie proposé à un prix intéressant.

Il faut bien réfléchir avant d'acquérir un chiot.

Le choix de la qualité

Évidemment la question de budget n'est pas négligeable dans l'acquisition d'un westie. Le meilleur conseil que l'on puisse donner, lorsque l'on veut un tout jeune chiot et que l'on réunit toutes les conditions pour l'élever, est qu'il ne faut, en aucun cas, jeter son dévolu sur une portée de chiots parce que ces derniers sont moins cher. Il ne faut pas être dupe, lorsque l'on est tenté de saisir cette opportunité, cela ne relève pas d'un esprit philanthrope de la part de l'éleveur. Il faut plutôt s'interroger et reconnaître que si dans un élevage les chiots sont bradés, c'est que la qualité n'est pas au rendez-vous. Pour un maître qui envisage de présenter son westie en exposition, mieux vaut

Par rapport aux autres terriers, le westie est relativement obéissant.

Quel prénom pour ce chiot attendrissant ?

Comment l'appeler ?

Dans le choix des prénoms, le terrain est plus limité qu'on ne croit. En effet pour tout chien de race, le nom commence par une lettre donnée. En 2004, c'est le V comme Vamp, en 2005 le A comme Artémis mais pour éviter le casse-tête chinois, on pourra éliminer d'office les lettres W, X, Y, Z, K et Q, qui sont supprimées systématiquement de l'éventail des prénoms de chiens.

Enfin c'est souvent lorsque l'on est face à son favori que vient l'inspiration quant au choix de du prénom. Son physique et son caractère sont parfois déterminants. Il se peut que l'éleveur ait choisi un prénom et que ce dernier déplaise à l'acquéreur. Dans ce cas, rien n'empêche de chercher un surnom. L'essentiel est que le nom véritable soit mentionné sur les documents officiels et listes des concours.

Il est fréquent également qu'un affixe soit accolé au nom du chiot, placé devant ou derrière. C'est tout simplement le nom de l'élevage, qui indique d'emblée la lignée d'où vient le chiot. C'est évidemment très plaisant de posséder un chiot westie de grande souche d'autant plus que certains élevages ont des affixes très connus s'apparentant parfois à un label de qualité.

avoir le réflexe d'y mettre le prix. On pourrait comparer la situation à l'achat d'une voiture et pour une différence de deux cents euros consentie sur un chiot westie, on repart avec une Rolls ou... une 2 CV ! Cela se passe de commentaires.

Choisir un beau westie, c'est s'offrir une qualité de vie pour environ onze années et cela représente un mélange de confort, de bonheur et d'amitié avec son chien. C'est la raison pour laquelle, si on ne dispose pas d'un gros budget, il y a une chose à ne pas faire : acheter un chien non inscrit au Livre des origines français (LOF). Préférez un westie inscrit au LOF mais présentant un petit défaut. Pourvu de toutes les caractéristiques de la race, ce n'est que pour ce léger défaut qu'il sera vendu moins cher. Ce défaut consiste, par exemple, en une soudure de vertèbres caudales (nœud à la queue) ou encore en une petite imperfection des mâchoires.

Le meilleur éleveur

Une fois ces détails bien assimilés pour réussir l'achat d'un westie, il reste à choisir l'élevage qui va fournir le chiot attendu. Les adresses sont communiquées par la Société centrale canine (SCC), le Club Européen des terriers d'Écosse, et figurent également dans les revues animalières. Précisons que de plus amples informations sont diffusées tous les

2 mois dans Terriers d'Écosse magazine, où le westie tient le haut du pavé. Lors de la visite des élevages, on ne se contentera pas d'observer les bébés chiots qui sont tous plus craquants les uns que les autres. Il faut aussi connaître les parents, de façon à avoir une image réelle du westie à son âge adulte. Enfin si l'on opte pour un chiot d'exposition, on s'attelle à une tout autre tâche, et il faut mieux laisser l'éleveur le choisir pour vous.

Les papiers du chiot

Quatre documents officiels accompagnent l'acquisition du chiot westie : l'attestation de vente, le certificat de naissance, la carte d'identification et le carnet de vaccination.

• L'attestation de cession

Ce document, qui mentionne les conditions de la transaction, n'est plus obligatoire, mais la loi Nallet du 22 juin 1989 mentionne la nécessité de rédiger un contrat de vente. Ce dernier, qui est signé tant par l'éleveur que l'acquéreur prouve la validité de la transaction. L'attestation de vente comporte des éléments obligatoires : coordonnées du vendeur et de l'acheteur, coordonnées du vétérinaire de l'acquéreur et du vendeur, identification et description du chiot, prix et modalités de paiement, dates de cession et de livraison. À noter que c'est la date de livraison qui sert de repère chronologique véritable lorsqu'il est nécessaire d'exercer un recours. Un cas de figure que l'on constate lorsque le chiot semble avoir été affecté de vices rédhibitoires, dont la liste est fixée par la loi.

À noter que le numéro d'inscription provisoire au LOF ne figure pas toujours sur cette attestation. La raison est simple : l'éleveur n'a pas encore reçu les certificats de naissance des chiots d'une portée de deux mois et demi. À la place du numéro provisoire du LOF, on trouve un numéro de dossier. Enfin, l'attestation de cession comprend la « destination » : chien de compagnie, ou chien de reproduction ou destiné aux expositions. Cela doit coïncider parfaitement avec le souhait de l'acquéreur, conscient que le prix peut varier du simple au double !

Le westie adore les enfants, lesquels le lui rendent bien.

N'achetez jamais un chien non inscrit au LOF, sous prétexte de le payer moins cher.

• Le certificat de bonne santé

Ce document est établi par un vétérinaire moins de quinze jours avant la date de cession. Il doit être remis par l'éleveur non professionnel – la loi définit le non professionnel comme éleveur ne produisant pas plus d'une portée par an. Le certificat de bonne santé ne concerne pas les éleveurs professionnels qui ne sont pas soumis à cette obligation.

• La carte d'identification

Tout chiot vendu doit obligatoirement être identifié. Cela se fait par tatouage ou par puce électronique. La carte d'identification est remise au moment de la cession du chiot. Elle comporte le numéro d'identification, enregistré dans un fichier. Ce dernier est accessible aux vétérinaires, aux refuges, aux représentants de la force de l'ordre. Cela permet de retrouver les coordonnées du maître lorsque, par exemple, on retrouve un westie égaré de sa maison…

• Le certificat de naissance

Ce document prouve la race du chien et précise que ses parents possèdent un pedigree mais en aucun cas, il ne pourrait avoir valeur de pedigree. Il n'est pas toujours possible que ce document soit remis le jour de la cession. Cela est dû aux délais requis afin qu'il soit établi par la Société centrale canine.

Depuis 2001, l'identification de votre chien peut aussi se faire par l'implantation d'une puce électronique.

• Le pedigree

Il n'est pas un chien de race qui n'ait son nom dans un livre généalogique. Il s'agit du LOF ou Livre des origines français. Le chien est d'abord inscrit de façon provisoire, dès sa naissance. Puis une fois examiné par un juge ou un expert confirmateur, lequel vérifie si le chiot possède toutes les caractéristiques de la race, l'inscription est définitive et le pedigree acquis. Cette expertise appelée examen de confirmation s'effectue lorsque le chiot westie a 12 mois.

• Le carnet de santé

Ce document est établi par un vétérinaire qui mentionne les vaccins effec-

L'éleveur doit vous remettre le carnet de santé de votre chiot, à la livraison.

tués ainsi que les dates des prochains rappels. Il doit être conservé et apporté au vétérinaire à chaque consultation.

• Le document d'information

L'acquéreur reçoit une notice d'information, obligatoire depuis la loi du 6 janvier 1999. Ce papier comporte bon nombre de renseignements spécifiques à la race et prodigue des conseils au maître. En dehors de cet imprimé, l'éleveur a pour habitude de donner des recommandations au nouveau maître. Cela fait partie de son métier.

Le certificat de naissance d'un chiot n'a pas valeur de pedigree.

Look

Un terrier d'Écosse

Très apprécié pour son esthétique, ce chien blanc à la frimousse ébouriffée possède le standard d'un terrier où chaque détail est intimement lié à l'historique du chasseur de renards et blaireaux qui sévissait dans les hautes terres d'Écosse.

Le westie est devenu un chien à l'élégance un peu raffinée. Cela ne doit pas l'empêcher de rester fidèle aux qualités morphologiques de ses origines de chasseur de vermine.

Chaque race de chien possède un standard auquel ses amateurs se réfèrent comme s'il s'agissait d'une véritable bible. Celui du west highland white terrier décrit avec précision les qualités morphologiques qu'un beau westie doit posséder, ainsi que ses principaux traits de caractère. Les races de chiens, dans leur immense variété, ne sont pas le fruit du hasard. Chacune d'elles est l'œuvre effectuée par l'homme, conjuguée à une adaptation à un milieu naturel. C'est un travail qui existe depuis toujours : dès que l'être humain se tourne vers le chien pour bénéficier de son aide dans une tâche précise, il le modèle. Pour cela, il doit le sélectionner et s'applique à obtenir le chien qui soit le plus apte possible à accomplir la mission exigée. Cet objectif n'est réalisable que si l'on tient compte du lieu où va évoluer le chien, sachant que les critères géographiques sont forcément liés aux notions climatiques. C'est la condition sine qua non pour que le chien donne satisfaction dans le rôle attribué. Tout d'abord il convient de bien identifier ce chien : la moindre dérive serait fatale et nuirait à ses atouts morphologiques. C'est précisément pour cette raison qu'un standard est établi : il permet de se référer à un modèle idéal pour chaque race.

Un standard à prendre à la lettre

Ce standard n'a rien d'un inventaire à la Prévert : il ne s'agit en aucune sorte d'une liste de détails plus ou moins insignifiants, qui auraient été déterminés de façon arbitraire par une

L'aspect général du westie peut être résumé en un mot : compact.

Recouverte d'un poil très dur, la tête du westie est compacte, ramassée, et rehaussée de petites oreilles pointues.

poignée de décideurs. Chaque point d'un standard trouve son explication dans l'histoire de la race décrite. Le standard du westie rappelle incessamment que ce chien était un chasseur de vermine en Écosse. En réalité, seuls quelques rares détails relèvent de l'esthétique. Ils ont été mentionnés, puis développés avec l'apparition des expositions canines.

Le westie mesure environ 28 centimètres au garrot pour un poids compris entre 7 et 9 kg. Cette taille idéale s'explique : imaginons un westie plus grand, il ne pourrait entrer dans un terrier ; plus petit, il ne pourrait affronter un blaireau. Lorsque l'on examine son pelage, on comprend également l'utilité de ce poil double. Le poil de couverture est dur et mesure 5 centimètres de long, tandis que le sous-poil, court, doux, serré, se confond avec une fourrure… En réalité, une telle robe s'avère parfaite dans la froide et rigoureuse, humide et battue par les vents, notamment dans les Highlands où le westie devait survivre. Or son poil de couverture lui sert d'imperméable, véritable rempart contre la pluie, tandis que le sous-poil, confortable pelisse, le protège du froid.

Équipé de la tête aux pieds

Le westie possède une mâchoire large et puissante, dotée de dents vraiment grandes par rapport à sa taille. Cette particularité est fondamentale. En effet, s'il était dépourvu de cette arme fatale, comment ce petit terrier de 28 centimètres de haut aurait-il pu en découdre avec des nuisibles souvent plus grands que lui ? Quant à ses yeux, selon le standard, ils doivent être bien écartés. Une particularité indispensable car cela permet à ce chasseur très actif d'avoir un champ de vision très large. Bien enfoncés sous de lourdes arcades sourcilières, les yeux du westie sont également très bien protégés, ce qui constitue une solide garantie pour un chien intrépide toujours confronté à des situations difficiles. On sait que les yeux trop grands ou globuleux sont blessés plus facilement que des yeux en amande.

Le westie possède une tête compacte, ramassée, rehaussée de petites oreilles pointues et recouverte d'un poil très dur. Ce n'est sûrement pas un hasard car elle semble avoir été façonnée de manière à laisser le moins de prise possible aux ennemis héréditaires. En revanche, sa queue est considérée comme une prise facile… non pas pour les blaireaux, renards et compagnie mais pour l'homme. Certes, le west highland white terrier porte une queue courte qui ne dépasse pas de 12,5 à 15 centimètres. Elle est plantée haut et portée fièrement, c'est-à-dire le plus verticale possible, s'impose comme étant bien musclée, ce qui permettait au chasseur de disposer d'une prise aisée pour retirer le westie, enfoncé dans la profondeur du terrier.

Jusqu'au bout des ongles

Lorsque l'on observe les pieds de ce chien, on se rend compte que la nature est bien faite ! En effet, le

Un air fripon

Le westie a été reconnu par le Kennel Club en 1906. À cette époque, la taille et le poids sont mentionnés dans le standard. Puis en 1986, la notion de poids disparaît. Mais en moyenne, on sait que le westie doit peser entre 7 et 9 kg. Si le westie doit avoir le physique d'un terrier, ce qui est indispensable pour se faufiler dans la terre, il ne saurait être dépourvu du caractère spécifique, lequel figure dans le standard. Il doit être d'un tempérament « vif, gai, courageux, indépendant mais affectueux », et les caractéristiques du westie sont les suivantes : « petit, actif, plein d'allant, rustique, pourvu d'une bonne dose d'amour-propre, avec un air fripon ».

Les yeux du westie sont bien enfoncés sous de lourdes arcades sourcilières.

SOR
Pedigree
Pedigree

westie se devait d'effectuer une journée de labeur dans les éboulis pierreux d'Écosse. Ses pieds ronds, forts et pourvus de coussinets épais, ne pouvaient que lui faciliter la tâche. Ses doigts ne doivent pas être écartés, sinon il pourrait se blesser sur les éboulis semés de cailloux rugueux et pointus. Le standard précise que les ongles doivent être noirs de préférence : c'est qu'ils sont plus durs que les ongles clairs. Un détail qui accroît encore la résistance du westie contraint de se déplacer sur les sols pierreux et hostiles.

Séduisant comme il est, le westie ne représente pas seulement un look mais il évoque une allure, un mouvement. Ce dernier doit être harmonieux, c'est-à-dire dégagé droit devant et facile de toute part. Au trot, la patte avant droite et la patte arrière gauche toucheront simultanément le sol et vice versa. Pour obtenir ce mouvement empreint d'une grande souplesse, le westie doit être doté de bonnes angulations, lui permettant de couvrir un large terrain en effectuant un minium de pas. Une particularité essentielle pour un chien rompu aux longues courses dans les Highlands.

L'intrépide terrier

On le constate, il est impossible d'appréhender les différents éléments du standard du west highland white terrier sans les rattacher à ses origines, à son histoire. Un chien uniquement

Certains éleveurs très réputés, comme l'Espagnol Jésus Pastor, présentent leurs plus beaux sujets partout dans le monde.

Lors d'une exposition canine, le juge spécialiste examine le sujet qu'on lui présente afin de déterminer s'il correspond au standard de la race.

sélectionné sur des critères esthétiques manquerait singulièrement d'authenticité. C'est parce qu'il est resté le terrier intrépide de l'Écosse des Highlands qu'aujourd'hui, le westie exerce un tel charme et conquiert de nombreux amateurs. La raison est que les caractères originels de ce chien ont été respectés et conservés fidèlement dans le standard. L'ajout des critères esthétiques correspond à l'avènement et au développement des expositions canines de beauté. Heureusement, ils n'ont jamais pris le pas sur les tout premiers critères, mais figurent davantage comme des améliorations, des « must ». Dans cet esprit, le westie a tout à y gagner. Mission accomplie car c'est bien ce qui s'est passé : le westie est gagnant sur toute la ligne. La blancheur tout d'abord. Les chasseurs des Highlands se moquaient éperdument que leur chien soit immaculé. Ils attendaient juste de leur compagnon qu'il soit blanc cassé ou crème de façon à mieux le repérer dans les sous-bois et ne pas le confondre avec le renard.

Dans un même élevage, il peut parfois être difficile de distinguer un sujet d'un autre. Il existe pourtant toujours des signes distinctifs plus ou moins importants.

Points de non-confirmation

Type général

– Manque de type (caractères ethniques insuffisants).
– Taille non comprise dans les limites (26-30 cm).

Points particuliers dans le type

– Mutilations ou opérations.
– Yeux ronds, globuleux.
– Chanfrein plus long que le crâne.
– Oreilles tombantes ou semi-tombantes
– Coudes très décollés ; membres. antérieurs en lyre ; jarrets clos.
– Queue longue, disproportionnée, queue cassée ou nouée.

Robe

– Poils frisés ; soyeux ; toute couleur autre que blanche ; excès de ladre.
– Yeux très clairs, yeux vairons.

Anomalies

– Monorchidie, cryptorchidie.
– Béance (la langue dépasse de 2 mm ou plus) : prognathisme ; articulé en tenailles ; manque d'incisive ou de canine.

Il était une fois le westie

Plus le westie se rapproche de son standard, plus il a des chances de devenir champion. Une contradiction cependant apparaît : si les premiers champions west highland white terrier étaient présents de nos jours en exposition, ils ne seraient certainement pas prisés ! Les juges assèneraient toute une litanie de reproches : « chanfrein trop long, manque de stop, oreilles trop grandes, dos trop long, queue trop longue et mal portée ; manque d'ossature, poil pas assez fourni... » Et pour couronner le tout, ils n'hésiteraient pas à lancer une plaisanterie du style : « Vous l'avez acheté chez un antiquaire ? » Au pire, le westie ne serait même pas confirmé pour manque de type ! Le résultat serait aberrant car il s'agit bel et bien du type originel, et c'est précisément pour décrire des chiens de ce type-là, que le standard a été élaboré. Or le standard n'a pas changé ou presque.

Si la race a autant évolué, c'est que les éleveurs de tous les temps ont eu tendance à vouloir exagérer chaque point du standard. Le poil, censé être de 5 centimètres de long, atteint actuellement 15 centimètres au niveau de la jupe. Le stop, censé être distinct, est devenu le plus marqué possible. Le chanfrein, censé seulement être « légèrement plus court », est devenu le plus court possible. Idem pour le dos.

Avec le temps, le look de la race évolue, mais pas toujours dans le bon sens.

Et toujours cette blancheur immaculée

Ainsi à partir d'un chien, qui avait échappé à toute exagération du point de vue morphologique, on a voulu avoir un chien très typé, tout carré, avec une bouille toute ronde, couvert d'une profusion de poils à la blancheur immaculée. À côté de cela, on fait preuve d'une tolérance sans doute excessive quant à de nombreux points. Par exemple, la taille des dents, le manque de dents – il faut savoir que plus d'un champion actuel présente une carence de six à sept dents – ne font pas l'objet d'exigences sévères de la part des juges. De même, on ne fait guère preuve de rigueur quant à la qualité du poil. Du coup, les exposants ressemblent plutôt à des artistes dans le toilettage et sont devenus des experts dans le déguisement des westies au poil mou. Enfin, on ne pratique guère de sélection sur le tempérament. Résultat, on se trouve face à des westies trop fainéants qui ne savent pas trotter dans une exposition ou bien encore on rencontre des individus trop réservés, voire timides. La conclusion est simple : un chien dépourvu de caractère, et édenté de surcroît, ne peut pas être un terrier. Un chien dépourvu de poil dur n'a aucune chance de survivre dans les West Highlands. Privé de ce pelage adéquat, il succomberait rapidement d'une pneumonie. Ainsi du nom west highland white terrier, il ne reste que la couleur blanche.

Changement de look

En un siècle, le standard du west highland white terrier n'a pas fondamentalement évolué. Mais la lecture que l'on en fait a considérablement modifié le fond.

Un westie ne doit être ni réservé ni timide, c'est contraire aux impératifs de son standard.

Le westie d'aujourd'hui serait-il encore capable de passer une journée entière à la chasse sous la pluie ?

Aujourd'hui, on peut toujours se vanter d'avoir un champion west highland white terrier, mais cette fierté serait mal placée si on revenait dans le passé à la rencontre du colonel Malcolm. Il serait étonné de voir ce que sont devenus ses anciens poltalloch terriers, et aurait peut-être ce drôle de compliment à la bouche : « Vous avec certes un joli champion tout blanc, mais ce n'est pas un west highland terrier ! »

Finalement le diminutif westie, à la connotation affective, semble bien mieux adapté au west highland actuel.

Le standard du west highland white terrier

• La tête

Crâne : légèrement bombé.

Chanfrein : non concave, va en s'amenuisant graduellement de l'œil jusqu'au nez ; stop marqué : lourdes arcades

sourcilières, légèrement en surplomb.
Yeux : bien écartés, de grandeur moyenne, pas ronds, aussi foncés que possible, légèrement enfoncés dans la tête, vifs et intelligents, ce qui, sous les lourds sourcils, confère un regard perçant.
Oreilles : petites, droites et portées fermement, se terminant en une pointe aiguë, ni trop écartées ni trop rapprochées à l'attache, recouvertes d'un poil court et lisse (velouté, qui ne doit pas être coupé).
Truffe : noire, assez grande, ne dessine aucune saillie en avant.
Mâchoires : fortes, d'égale longueur.

• **L'aspect général**
Aspect général : solidement construit ; poitrine bien descendue ainsi que les dernières côtes ; dos droit, arrière-main puissante sur des membres postérieurs musclés, faisant preuve de force et d'activité magnifiquement combinées.
Tête : couverte d'un poil dense, formant un angle droit ou aigu par rapport au cou ; ne doit pas être portée en extension.
Cou : suffisamment long, musclé, s'épaississant vers la base et se fondant dans les épaules bien obliques.
Corps : compact ; dos droit, rein large et fort ; poitrine bien descendue, côtes postérieures très hautes.
Queue : 12,5 à 15 cm de longueur ; couverte d'un poil dur, sans frange, aussi droite que possible, portée fièrement mais ni gaie ni recourbée sur le dos. La queue longue est un défaut et en aucun cas elle ne doit être écourtée.
Membres antérieurs : courts et musclés, droits et couverts d'un poil court, dur et dense.
Membres postérieurs : courts, musclés et nerveux ; jarrets coudés, assez près l'un de l'autre.
Pieds : antérieurs plus grands que les postérieurs, ronds, proportionnés, forts, couverts d'un poil court et dur, pourvus de coussinets épais ; surface inférieure et ongles noirs de préférence.
Poil : double ; poil de couverture dur, de 5 cm de long, sans boucle ; sous-poil court, doux et serré.
Couleur : blanc.

Les expositions de beauté privilégient les aspects purement esthétiques, au détriment des facteurs liés au tempérament.

N'oubliez pas de lui couper les ongles.

Allures : mouvement dégagé, droit devant et facile de toute part ; à l'avant, sans contrainte à partir de l'épaule ; à l'arrière, mouvement franc, puissant et ramassé.
Taille : 28 cm au garrot.

Entretien, le devoir du maître

Le maître doit brosser mais surtout peigner son westie au moins 2 fois par semaine. Il faut acheter une brosse avec des pics en fer et un peigne en fer. Bien insister au niveau de l'ars, de l'aine et des pattes. Si possible demander à quelqu'un de vous le tenir sur le dos pour bien pouvoir brosser le dessous du westie. Il est préférable de peigner fort pour arracher le maximum de poils morts qui sont bien plus fins et moins blancs.
Si vous le peignez régulièrement, il n'aura jamais de nœuds et appréciera la séance de démêlage.
Penser à le flatter quand vous avez fini et à lui donner une petite friandise et il accourra vers vous la prochaine fois que vous sortez votre matériel de toilettage.
Au contraire si vous négligez de démêler votre westie, il sera plein de nœuds et chaque séance sera reçue comme une torture. Il ne faudra pas vous étonner s'il court se cacher sous un meuble dès qu'il sent que vous voulez le démêler.
Un westie se lave au moins une fois par mois. Il y a encore une dizaine d'années,

Pour être impeccable, un westie de compagnie doit être toiletté tous les deux mois et demi.

pour le westie à la fourrure dense, on utilise un peigne à écartement moyen –, on défait tous les nœuds. Puis le chien passe au shampooing. Deux applications sont nécessaires. Le premier shampooing élimine les graisses et les saletés, tandis que le second donne à la fourrure du volume, de la couleur et de l'éclat. Le séchage s'effectue à l'aide d'un sèche-cheveux très doux, à soufflerie tiède. On sèche le chien en commençant par le cou, puis par la cage thoracique.

Accentuer le charme du westie

La toilette implique les soins du poil mais aussi la toilette des yeux, des oreilles, de la bouche. Cependant, malgré un démêlage hebdomadaire, le westie doit se rendre au moins trois fois par an chez un toiletteur, dès l'âge de six mois. Il faut enlever la bourre, tailler, tirer sur le poil... La séance chez le toiletteur est beaucoup plus compliquée qu'on ne le croit. Il faut manier les ciseaux pour modeler la silhouette du chien : dégager le cou et accentuer le charme du westie, c'est-à-dire faire en sorte qu'il ait la tête tout ébouriffée. On utilise seulement les doigts pour ôter les poils qui dépassent de la tête. Ces derniers doivent rester assez longs, droits et hirsutes en forme de chrysanthème. Pour coiffer la tête du westie, on coupe aux deux tiers de la hauteur des oreilles. On laisse une petite frange au bord des oreilles. Elle ne doit être ni trop importante, car elle montre des oreilles trop écartées, ni insuffisante car cela donne l'impression que les oreilles sont trop rapprochées.

Les franges situées dans le bas du corps doivent être effilées par plucking (épilation) en éliminant les poils les plus longs. Auparavant, on doit supprimer l'excès de sous-poil par le brossage et le peignage.

Épilation obligatoire

Avec son poil dur et raide, le westie doit obligatoirement être épilé. La séance comprend toute une série d'étapes, à commencer par le dos. D'une main, on saisit une touffe de poils, puis on la rabat à contre-poil pour bien séparer ces derniers. De

Une fois par mois est une bonne fréquence pour laver son westie.

l'autre main, entre le pouce et l'index, on saisit la partie de la touffe de poils qui dépasse le plus et on tire d'un coup sec dans le sens du poil qui doit s'arracher aussi facilement que du papier cellulose.

On épile l'ensemble du dos très court et on fait un dégradé sur les côtés. En ce qui concerne les fesses, on utilise les ciseaux à désépaissir. On pratique une coupe au ciseau en triangle autour de l'anus. Quant à la queue, on l'épile très court sur les deux côtés, d'abord avec le ciseau à désépaissir, puis avec les ciseaux droits et enfin on termine par une coupe en pointe au bout de la queue.

On épile très court également le cou, notamment près de la tête et on laisse de plus en plus long jusqu'au garrot de telle manière que les poils du cou rejoignent ceux du dos. On utilisera des ciseaux droits pour les membres car les pattes avant doivent ressembler à des manchons bien cylindriques.

Le poil dur et raide du westie a obligatoirement besoin d'être épilé.

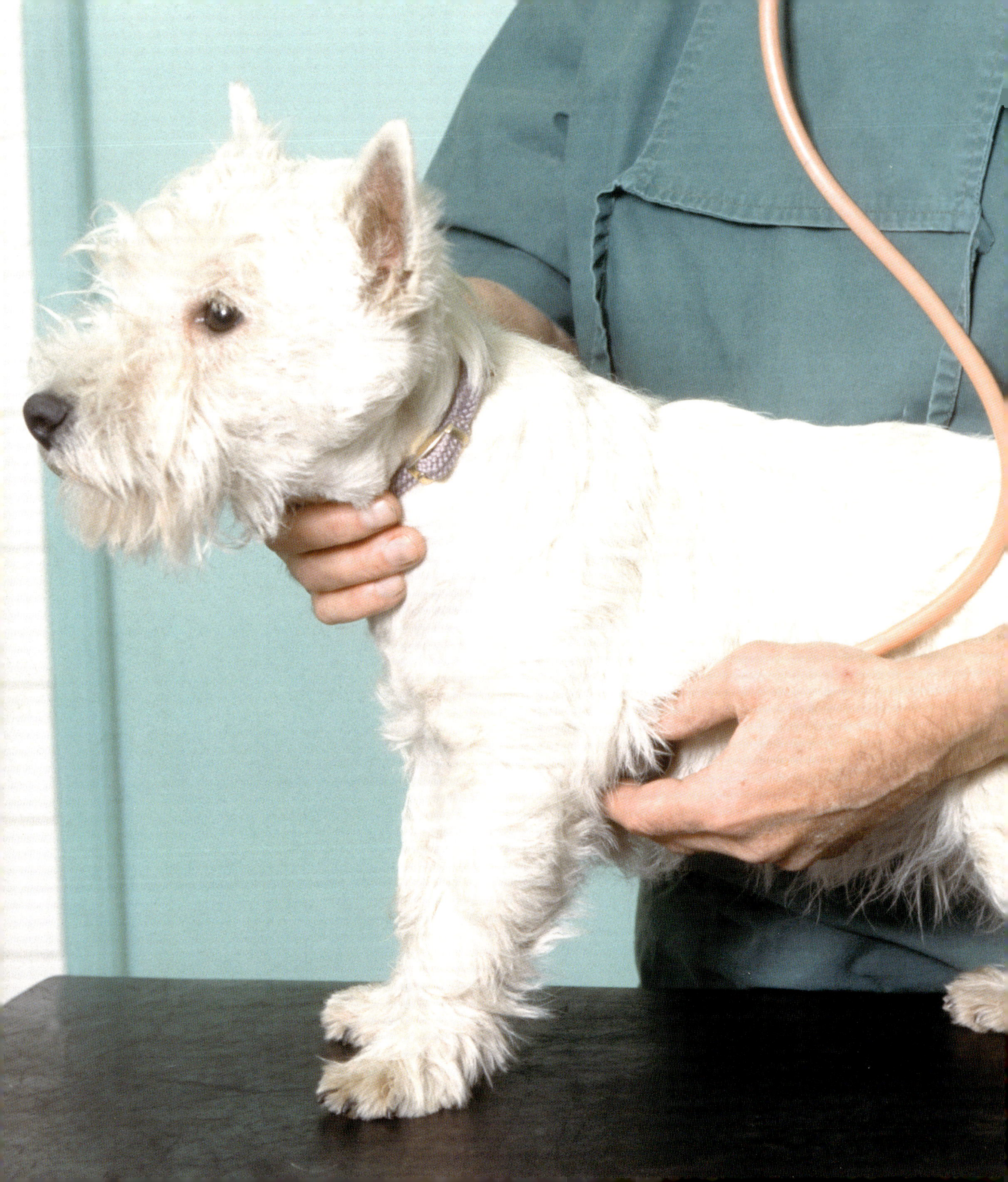

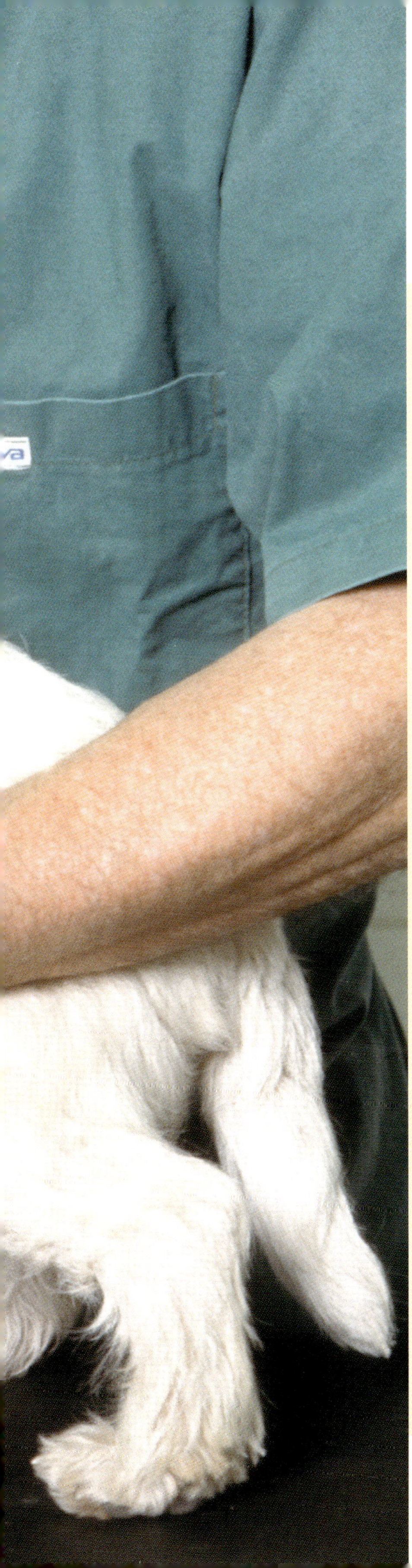

Santé

Un petit costaud

Dans la plupart des revues canines, on peut lire « Telle race n'a pas de problèmes de santé particuliers. », « Il voit rarement le vétérinaire. », etc. Il s'agit souvent d'une solution de facilité choisie par le journaliste pour masquer son manque d'information. Parfois aussi, les clubs officiels préfèrent ne pas divulguer les problèmes de la race pour mieux en assurer la promotion. Dans ce livre nous avons pris l'option de ne pas nous voiler la face en exposant les tendances pathologiques du westie qui ne sont pas plus alarmantes que celles des autres races de chiens.

Le westie est un chien rustique et sa santé pose peu de tracas.

Tendances pathologique

Peau et phanères

• *Seborrhée primaire héréditaire*
Elle se manifeste par un très important squamosis, prurigineux, nauséabond. Elle résulte d'un emballement de la cinétique épidermique, folliculaire et sébacée. Elle apparaît avant 2 ans.

• *Dermatite allergique par inhalation (dite atopique)*
La dermatite atopique et l'allergie alimentaire sont des entités considérées comme fréquentes dans cette race. Malheureusement, on ne peut les diagnostiquer que par une longue démarche clinique d'élimination des autres causes du prurit.

• *Démodécie généralisée du jeune chien*
La démodécie apparaît rarement comme une maladie localisée dans cette race et la plupart des sujets présentent la forme généralisée associée à des infections secondaires. Elle peut se manifester tant chez les chiens jeunes qu'âgés, et la localisation quadripodale de la démodécie est souvent très difficile à diagnostiquer et à traiter.

• *Dermatite à Malassezia*
Cette dermatite est une maladie de la peau due à la multiplication en excès de levure appelée Malassezia.
Ces levures sont des hôtes habituels saprophytes de la peau du chien. Il est

possible de les retrouver, mais en faible nombre, chez les chiens normaux. C'est leur multiplication excessive qui est pathologique.

Certaines zones sont préférentiellement atteintes : la face, et notamment la région péribuccale et les pavillons et conduits auriculaires, et les parties humides du corps ou au niveau desquelles le léchage est difficile (cou, ars, ventre, membres et pieds, plis cutanés et région anale).

Le prurit est constant et très marqué. Au début, la peau est érythémateuse (rose à rouge) avec le développement de lésions papuleuses (boutons) et maculeuses (taches).

Lorsque la dermatose a évolué depuis un certain temps, la peau apparaît hyperpigmentée et
ou épaissie, ce qui donne un aspect de peau d'éléphant.

Squelette et articulations

• *Ostéopathie crânio-mandibulaire*

L'ostéodystrophie crânio-mandibulaire (OCM) est une affection proliférative des os du crâne et de certains os longs, non néoplasique et non infectieuse.

Une tuméfaction bilatérale et symétrique des branches horizontales de la mandibule et/ou une impossibilité à ouvrir normalement la gueule sont généralement constatées. Les lésions sont souvent douloureuses. Dans les cas avancés, l'ouverture de la gueule est impossible.

Passé l'âge de 11 à 13 mois, quand l'ossification enchondrale est terminée, on assiste à une résorption des proliférations osseuses. Dans plus de 50 % des cas, non constate un retour à la normale dans les mois qui suivent.

Le traitement est symptomatique et palliatif. L'objectif est de calmer la douleur pour permettre au chiot de s'alimenter. Seuls, les corticoïdes donnent de bons résultats.

• *Prognathisme*

Le westie étant brachygnathe, on s'attendrait à trouver chez les chiens présentant des anomies d'occlusion essentiellement des prognathes inférieures (grignards). Or, on observe aussi quantité de westies prognathes supérieurs (bégus). On rencontre aussi de nombreux cas de mâchoires en tenailles ou des mâchoires béantes, certaines laissant passer la langue.

Sur 130 westies refusés à la confirmation de 1999 à 2003, 44 l'étaient pour prognathisme, 15 supérieurs et 31 inférieurs, 7 présentaient un articulé en tenailles et 3 présentaient un mauvais articulé sans précision.

À gauche : Une bonne alimentation est le gage d'une bonne santé.

À droite : Un entretien mensuel des oreilles évite les otites.

• *Oligodontie*

J'avais commencé une étude sur le manque de précarnassières du west highland white terrier en 1994. Le sujet était passionnant car hormis les chiens nus, peu de races présentent un tel manque de dents.

J'avais répertorié 403 dentures de westie et j'ai présenté les débuts de mes travaux au club de race. La sanction a été immédiate. Le président m'a interdit de compter les dents à toutes réunions du club. Découragée, j'ai arrêté cette étude qui aurait dû être ma thèse vétérinaire.

En voici toutefois quelques éléments. On constate que le manque de précarnassières chez le westie est considérable puisqu'il touche 90 % des west highland white terriers, le manque pouvant aller jusqu'à 14 dents. Il manque en moyenne 4,31 dents par westie, avec un pic à 6 dents manquantes. Si l'on considère chaque couple droite-gauche de précarnassières, le manque est bilatéral dans 2/3 des cas, unilatéral dans 1/3. La dent qui manque le plus souvent est la Pc 4 suivie de près par les Pc 2. Les Pc 3 ne manquent que très rarement et, lorsqu'elles manquent, le chien présente, par ailleurs, un manque général très important.

Le manque de précarnassières apparaît tout à fait comparable à droite comme à gauche. Devant l'ampleur du manque de précarnassières, le club français n'envisage aucune politique d'amélioration. Tout est permis, même 14 précarnassières manquantes. Au niveau des dents déciduales, sur des centaines de chiots observés, je n'ai jamais constaté de manque de précarnassières.

• *Hypertrophie gingivale*

L'hypertrophie gingivale se rencontre avec une prédisposition raciale chez le west highland white terrier. Elle est plus fréquente chez le chien âgé. Habituellement, elle est asymptomatique. Mais le recouvrement des couronnes dentaires par la gencive hypertrophiée favorise le développement de la plaque dentaire et du tartre dans le cul-de-sac ainsi formé. Le traitement consiste en une gingivectomie électrochirurgical.

• *Legg-Perthes-Calvé*

La maladie de Legg-Perthes-Calvé ou ostéonécrose aseptique de la tête fémorale est un accident vasculaire affectant l'épiphyse fémorale proximale et induisant une nécrose aseptique. Le west highland white terrier est une des races les plus touchées. L'examen clinique met en évidence une douleur nette à la mobilisation de l'articulation coxo-fémorale, aussi bien en extension qu'en abduction.

L'amyotrophie dépend de l'ancienneté de la boiterie au moment de la consultation. On constate un raccourcisse-

Un cœur solide

Une étude menée par le Club européen des terriers d'Écosse, notamment par Ruth O'Connor, responsable de la Commission d'élevage, révèle combien le westie est gâté par la nature. En effet, il est beaucoup plus épargné des risques cardio-vasculaires que les autres chiens (11 % contre 16 %). Il se trouve dans la moyenne concernant les risques de cancers (28 %). En revanche, s'il montre quelques points faibles c'est dans le domaine urinaire car les pathologies, telles les insuffisances rénales, sont bien plus importantes que chez les autres races : 18 % chez le westie contre 5,5 % chez les chiens en général. À noter que l'âge moyen de la mort non accidentelle d'une westie en France est de 11,65 ans (12,5 ans pour les mâles, 11,36 pour les femelles). L'âge critique du westie se situe autour de 7 ans et augmente à 11 ans.

Il est essentiel de vermifuger les chiots.

Pour administrer un liquide, utilisez une seringue (sans l'aiguille).

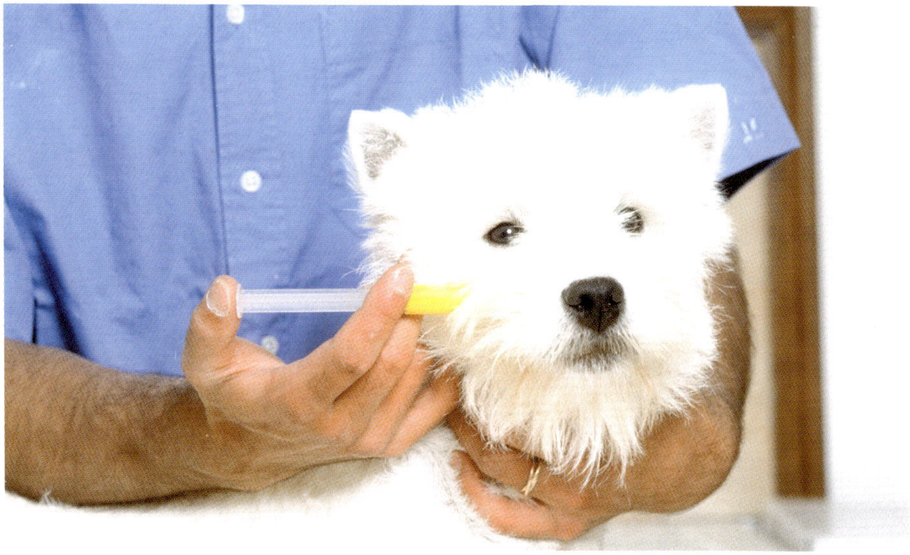

ment du membre atteint en extension. Le diagnostic est le plus souvent tardif car la boiterie est généralement d'apparition insidieuse et intermittente. Les symptômes apparaissent entre 3 et 13 mois avec un pic entre 6 et 8 mois. La confirmation du diagnostic fait appel à la radiographie sur laquelle on note une irrégularité de la surface épiphysaire (aspect en pain de sucre) et des zones radiotransparentes dans l'épiphyse et la métaphyse (aspect rongé par les mites). Les animaux présentent une boiterie sur le membre atteint.

Le traitement de la maladie de Legg-Perthes-Calvé est essentiellement chirurgical. L'excision arthroplastie coxo-fémorale est la technique la plus largement employée chez le chien. Le pronostic est bon dans 90 % des cas.

• *Luxation de la rotule*

Comme chez toutes les races naines, il s'agit principalement d'une luxation médiale de la rotule. La plupart des animaux affectés présentent des boiteries intermittentes avec appui. Les propriétaires mentionnent parfois que leur compagnon tient son membre sans appui par intermittence et reste « bloqué ».

Le traitement des luxations de la rotule peut être envisagé selon plusieurs modalités. Tout d'abord ne sont à traiter que les patients atteints d'une boiterie avec gêne fonctionnelle et douleur. Le traitement peut être médical ou chirurgical. En cas de traitement médical, les anti-inflammatoires sont communément utilisés. En cas de persistance de la boiterie ou de gêne fonctionnelle grave, le traitement chirurgical est recommandé.

• *Hernie inguinale*

Le westie semble assez touché par les hernies inguinales. Elles peuvent être unilatérales ou bilatérales. Parfois, elles peuvent se corriger d'elles-mêmes lorsque la paroi abdominale du chiot se muscle. C'est une des rares maladies pour lesquelles les éleveurs de westies ne mettent pas ne doute le caractère héréditaire car c'est frappant.

• *Fibrose pulmonaire*

La pneumopathie interstitielle du west highland white terrier appartient au groupe des fibroses pulmonaires idiopathiques. Il s'agit d'une réaction fibreuse progressive d'origine inflammatoire transformant le parenchyme pulmonaire en vaste réseau fibroconjonctif totalement inefficace sur le plan des échanges gazeux. La fibrose se traduit d'abord par une augmentation de la fréquence respiratoire et une intolérance progressive à l'effort. La toux est fréquente mais pas constante, de même que l'hyperthermie.

• *Monorchidie et cryptorchidie*

La monorchidie et la cryptorchidie correspondent à l'absence de migration d'1 ou de 2 testicules dans le scrotum. Les testicules cryptorchides pouvant devenir néoplasiques, les animaux atteints doivent être castrés.

• *Imperforation, ou sténose des points lacrymaux*

Elle concerne les voies lacrymales inférieures. Les westies frisant l'hypertype, avec un profil à tendance trop concave, semblent être prédisposés.

• *Kérato-conjonctivite sèche*

Elle est due à une carence lacrymale aqueuse. Elle provoque habituellement une conjonctivite mucopurulente persistante, une ulcération cornéenne.

Pour une bonne hygiène de vie, une activité sportive est indispensable.

Pratique

Tout ce qu'il faut savoir

Posséder un beau westie incite à le présenter en exposition. C'est tout un monde à découvrir. Un champion sommeille peut-etre dans votre westie de compagnie.

On distingue les expositions nationales des expositons internationales. Les premières voient défiler actuellement en France environ une dizaine de westies, tandis que les secondes rassemblent jusqu'à trente sujets. Le Championnat de France, organisé chaque année par la SCC, et qui est international, est l'occasion idéale de rencontrer les plus beaux westies de France. Les Spéciales de race, déterminées par les clubs de race canins, attirent de nombreux

Ci-contre : Avant de pouvoir aller en expo, il faut commencer par apprendre très tôt au chiot à marcher en laisse.

Page de droite : Le toilettage de la tête d'un westie d'expo requiert beaucoup de compétence et de travail.

concurrents. La Nationale d'élevage est aussi importante que le Championnat de France et rassemble comme ce dernier une cinquantaine de westies. Il existe aussi une classe exposant novice qui est destinée aux maîtres peu habitués aux expositions canines.

Devenir champion

Champion de France : pour devenir Champion de France un westie doit gagner 3 CACS bien précis :

– Un CACS du championnat de France ou de la Nationale d'Élevage.

– Un CACS dans une exposition internationale.

– Un CACS dans une « spéciale ».

Il doit de plus obtenir le qualificatif Excellent au Test d'aptitudes naturelles (TAN).

Champion international : pour décrocher le titre de Champion international, le westie doit gagner quatre CACIB (Certificat d'aptitude au championnat international de beauté) et ce, dans au moins trois pays différents avec trois juges différents, dans un délai minimum d'un an et d'un jour.

Les cotations

La cotation est un chiffre allant de 1 à 6 lié aux résultats d'un chien et/ou de sa descendance.

Cotation 1 : confirmation simple

Cela correspond à un chien juste confirmé.

Cotation 2 : premier choix

Le westie a obtenu le qualificatif excellent dans l'une des trois expositions : la Nationale d'élevage, l'exposition de championnat, toutes les Spéciales. Le candidat doit obtenir l'excellent en classe Jeune ou Ouverte.

Cotation 3 : excellent

Le chien doit avoir obtenu un excellent classé dans le cadre de la Nationale d'élevage, à l'exposition de Championnat ou dans toutes les Spéciales. L'excellent classé concerne les quatre premiers des candidats dans l'une de ces trois expositions, en classe Jeune, en classe Ouverte ou Travail. De surcroît, le westie devra avoir réussi le TAN.

Cotation 4 : recommandé

Cette cotation difficile à obtenir concerne le chien qui, uniquement dans le cadre de la Nationale d'élevage ou au Championnat de France, doit obtenir le CAC, la RCAC (Réserve du certificat d'aptitude au championnat de conformité) en classe Ouverte ou bien premier excellent en classe Jeune ou premier ou deuxième excellent en classe travail. Le TAN est obligatoire.

Cotation 5 : Élite B

Le chien, indépendamment de ses propres qualités, doit avoir cinq enfants de deux géniteurs différents cotés chacun 3 points (répertoriés excellent plus TAN).

Rien de mieux que la présence d'enfants pour faciliter la sociabilisation du chiot destiné à participer aux expositions canines.

Cotation 6 : Élite A
Le chien doit être préalablement recommandé (4 points) et avoir en plus cinq enfants d'au moins deux géniteurs différents cotés 3 points (répertoriés excellent plus TAN).

Le test d'aptitudes naturelles (TAN)

Rares sont les échecs chez le westie durant ce test. Le test d'aptitudes naturelles est indispensable pour obtenir des points de cotation. Il permet de vérifier si le west highland white terrier possède toutes les caractéristiques comportementales que l'on est en droit d'attendre chez cette race.

Le westie est un vrai sportif capable de faire preuve de beaucoup d'endurance.

Les classes d'engagement

Classe intermédiaire : pour les chiens âgés de plus de 15 mois et de moins de 24 mois la veille du jour de l'ouverture de l'exposition.
Classe ouverte : pour les chiens âgés de 15 mois la veille du jour d'ouverture de l'exposition.
Classe travail : pour les chiens âgés de 15 mois la veille du jour de l'ouverture de l'exposition, et titulaires de l'attestation permettant l'engagement en classe Travail.
Classe champion : réservée exclusivement aux chiens déclarés champions nationaux des pays membres de la FCI, âgés de 15 mois la veille du jour de l'exposition.
Classe jeune : pour tous les chiens âgés de plus de 9 mois et moins de 18 mois la veille du jour de l'exposition.
Classe puppy : pour tous les chiens âgés de plus de 6 mois et de moins de 9 mois.
Classe vétéran : pour tous les chiens ayant l'âge minimum de 8 ans.

Index

Crédits photographiques

Alexis/COGIS : 40-41, 82-83 ; **DR/COGIS :** 57 h ; **Français/COGIS :** 9 m, 14, 16, 23, 30, 32-33, 33 d, 34, 36-37, 43, 44-45, 50, 53, 55, 66-67, 68, 88, 90, 92, 100, 107 ; **Gauzargues/COGIS :** 8-9, 9 d, 15, 18-19, 20-21, 22, 29, 31, 33 m, 38, 54, 57 b, 60, 64, 65, 70-71, 73, 75 m, 77, 81, 86-87, 97 m, 99, 108-109, 112-113, 116-117 ; **Hermeline/COGIS :** 1, 12-13, 24-25, 26, 27, 42, 48-49, 52, 56, 59, 62-63, 69, 72, 74-75, 75 d, 84, 85, 91, 92-93, 94, 96-97, 97 d, 101, 104-105, 106, 110, 111 ; **Labat/COGIS :** 4, 7 d, 7 g, 35, 44, 45 d, 45 m, 47, 78-79, 80, 102-103 ; **Simon/COGIS :** 11, 28, 61, 89, 95 ; **Vedie/COGIS :** 17, 58-59, 109.